A BÍBLIA EXPLICA
O Batismo no Novo Testamento

DAVID PAWSON

ANCHOR RECORDINGS

Copyright © 2019 David Pawson

O BATISMO NO NOVO TESTAMENTO
NEW TESTAMENT BAPTISM

Os direitos autorais referentes a este livro são assegurados a David Pawson, de acordo com a Lei de Direitos Autorais, Desenhos Industriais e Patentes de 1988 (Reino Unido).

Uma publicação da Anchor Recordings Ltd
DPTT, Synegis House, 21 Crockhamwell Road,
Woodley, Reading RG5 3LE, UK

Todos os direitos reservados.

Nenhuma parte desta publicação pode ser reproduzida ou distribuída, em qualquer forma ou por quaisquer meios, sejam eles eletrônicos ou mecânicos, incluindo fotocópias e gravações, ou por qualquer sistema de armazenamento e recuperação de informações, sem autorização prévia, por escrito, da Editora.

**Para obter outros materiais de ensino de David Pawson,
inclusive DVDs e CDs, acesse
www.davidpawson.com**

**PARA DOWNLOADS GRATUITOS
www.davidpawson.org**

**Mais informações pelo e-mail
info@davidpawsonministry.com**

ISBN 978-1-911173-79-3

Esta publicação baseia-se em uma palestra. Por originar-se da palavra falada, muitos leitores considerarão seu estilo um tanto diferente do meu modo costumeiro de escrever. Espero que isto não venha a depreciar a essência do ensino bíblico encontrado aqui.

Como sempre, peço ao leitor que compare tudo o que digo ou escrevo ao que se encontra registrado na Bíblia, e, caso perceba um conflito em qualquer ponto, sempre fie-se no claro ensino das Escrituras.

David Pawson

A BÍBLIA EXPLICA
O Batismo no Novo Testamento

A PRIMEIRA ENTREVISTA

Entrevistador: *Sr. Pawson, seja muito bem-vindo à Finlândia. É maravilhoso tê-lo conosco novamente. O principal motivo de sua vinda é sua participação em um debate sobre o batismo. Creio que muitos espectadores desejam saber mais sobre sua visão a respeito do batismo, pois se trata de um assunto polêmico – tema de um debate acalorado aqui na Finlândia nesse momento. No entanto, primeiramente, eu gostaria de saber: o senhor foi batizado quando bebê?*
David: Sim, fui batizado – tenho um certificado para comprovar. Mas isso é tudo de que me recordo. Fui batizado por meu avô. Nasci em uma família bastante conhecida em uma das maiores denominações da Inglaterra, a Igreja Metodista, e, obviamente, eles batizam bebês. Portanto, fui batizado, e foi meu avô, como o ministro/pastor, quem me batizou. Alguns anos se passaram e, depois de ter trabalhado como agricultor por um tempo (esse era meu desejo), o Senhor me chamou para servir a igreja em tempo integral. Como eu conhecia apenas uma denominação – a Igreja Metodista – eu me candidatei ao ministério e fui aceito. Assim, após o treinamento, comecei a batizar bebês, portanto estive daquele lado do muro durante uma boa parte do início do meu ministério.
Entrevistador: *Bem, pelo que sei, sua visão mudou desde então. O que o fez mudar de opinião?*

David: É uma história interessante. Eu estava na Arábia. A Igreja Metodista havia me enviado como capelão da Força Aérea Real [RAF]. O capelão é o pastor das Forças Armadas, que cuida da saúde espiritual dos aviadores e, para isso, fui enviado à cidade de Áden. Meu rebanho estava distribuído em bases militares localizadas desde o Golfo Pérsico até Bahrain e grande parte da Arábia – e esse período me proporcionou três descobertas em minha vida. A primeira delas: eu me casei. A primeira vez que eu e minha mulher conversamos foi quando ela veio me perguntar sobre batismo. Ela havia sido batizada quando bebê, mas sua irmã se tornara batista e trabalhava como missionária em Angola, na África, e isso perturbava minha mulher. Ela passou a refletir sobre o próprio batismo e, por isso, veio me pedir conselhos. Fui obrigado a lhe dizer: "Bem, eu também tenho dúvidas". Foi assim que nos conhecemos e nos apaixonamos – falando sobre batismo – e ela foi a primeira pessoa que batizei.

Mas não vou me adiantar. Nosso primeiro filho nasceu na Arábia, pouco tempo depois, e logo surgiu a dúvida: O que vamos fazer com nossos filhos? Vamos batizá-los ainda bebês assim como fomos batizados? Passei a refletir sobre o tema de uma forma mais realista – quando se trata de seus próprios filhos, e não dos filhos de outros, tudo fica um pouco mais pessoal. Essa foi a primeira descoberta.

Minha segunda descoberta foi quando percebi que, na Arábia, todo muçulmano que se tornava cristão era morto. Eles não eram assassinados quando declaravam publicamente que haviam se tornado cristãos, quando frequentavam a igreja ou quando carregavam a Bíblia consigo. Todos eles – sem exceção – eram mortos *após serem batizados*. Pensei: "Por que os muçulmanos encaram o batismo com tanta seriedade?". Descobri que o entendimento que eles tinham a respeito do batismo era muito mais profundo do que o meu. Eles o viam como um sepultamento do passado, de fato, como o fim de uma vida antiga. A pessoa batizada, consequentemente, passava a ser traidora do islamismo e isso, é claro, devia ser punido com a morte.

Então, uma terceira descoberta me sobreveio. Eu não estava tendo muito sucesso com minha pregação aos aviadores – a homens apenas. Tinha experiência com congregações de mulheres e crianças e pensei: "Como despertar o interesse desses homens pela fé cristã?". Senti o Senhor me dizer: "Ensine-lhes a Bíblia".

"Mas é isso que faço", reagi.

E ele respondeu: "Não é não. Você lhes ensina textos, versículos e trechos da Bíblia. Quero que você ensine toda a Bíblia".

Então prometi àqueles homens: "Por um período de três meses, vou conduzi-los por toda a Bíblia – 'da Geração à Revolução'". E foi o que fiz. Eles viram todo o quadro e não apenas trechos isolados. Por isso, diante de minhas próprias indagações a respeito do batismo, comecei a estudar tudo o que a Bíblia dizia sobre o tema.

Foi bem fácil a princípio, porque não há nada sobre o batismo no Antigo Testamento, mas o Novo Testamento contém 31 passagens distintas que falam sobre o batismo, e quando comecei a reuni-las e perceber todo o panorama, fiquei bastante chocado. Pensei: "Não sei absolutamente nada sobre batismo!". Eu havia sido batizado, tinha aceitado e até colocado em prática a tradição da igreja sem nada questionar. Agora, contudo, sabia que tinha problemas e concluía que estivera equivocado e não mais praticaria o batismo de bebês – em meus filhos ou nos filhos de qualquer pessoa.

Entrevistador: *Entendo que você foi batizado na ocasião.*
David: Posteriormente, sim. Pois tive de perguntar: "Sou batizado?". Eu havia sido batizado perante a igreja, mas

agora indagava: "Sou batizado aos olhos o Senhor?".
Entrevistador: *Boa pergunta!*
David: Posso aplicar essas 31 passagens ao meu batismo quando bebê? Não consegui fazê-lo, por isso precisei encarar a pergunta. Não fui batizado *novamente*, porque não creio que o batismo possa ser repetido. É um momento único na vida de todo cristão. Na verdade, tive de chegar à conclusão de que meu batismo quando criança não havia sido um batismo do Novo Testamento, e embora todos afirmassem: "Você será batizado novamente", eu respondia: "Não, eu serei batizado pela primeira vez". Quero que esse ponto fique absolutamente claro, porque todo aquele que deseja ser batizado como cristão após ter sido batizado quando bebê deve chegar à conclusão de que não se trata de um "rebatismo", ou segundo batismo, mas que o primeiro não tem validade e, portanto, o segundo batismo é o verdadeiro.
Entrevistador: *De fato, que virada – um processo e tanto para um ministro metodista! Qual foi o significado desse processo, a que conclusões você chegou?*
David: Isso provocou uma crise. Posso falar primeiramente sobre meu batismo e o que significou para mim?
Entrevistador: *Claro.*
David: Foi em uma pequena Igreja Batista nos montes Peninos, no norte da Inglaterra. Certo amigo disse que me batizaria e lá fui eu – sem ter ideia do que esperar ou de qual seria seu significado, porém ciente de que meu batismo *quando bebê* nada significava – não restara lembrança alguma; e eu sequer pensava a respeito. Que significado teria? Bem, era uma igreja antiga, que tinha um batistério, uma piscina em desuso havia um bom tempo, esverdeada de tanto limo. Quando desci os degraus até às águas e vi a água verde, tive uma visão em que avistava apenas o rio Jordão e o vale que o cerca, com margens verdes de ambos os lados, e senti que Jesus havia descido ao rio antes de

mim e eu seria o próximo. Foi uma visão extraordinária, e pensei: "Estou seguindo Jesus". Ele foi batizado aos 30 anos de idade quando desceu ao Jordão, e eu realmente tive essa extraordinária sensação de que não estava em uma igreja, mas no próprio rio Jordão, seguindo Jesus e repetindo seus gestos. Foi uma experiência simples, porém visual, provavelmente despertada pelo limo verde nas bordas da piscina, mas muito significativa para mim.

É claro que meu batismo provocou uma crise. Lá estava eu, ministro de uma igreja que batiza bebês, tendo me comprometido a fazê-lo quando fui ordenado pastor, bem como a ministrar a palavra e os sacramentos segundo a doutrina da Igreja Metodista. Eu havia feito esses votos.

Entrevistador: *O que isso significou para seu ministério na ocasião?*

David: Bem, tive de informar as autoridades da Igreja Metodista que eu não poderia mais batizar bebês. Fui levado a um comitê disciplinar. Uma experiência bastante curiosa, pois um dos membros do comitê era um professor que, mesmo sendo metodista, escrevera um livro defendendo o batismo de adultos! E o presidente indagou: "O que você leu que o fez mudar de ideia?". Respondi: "Em primeiro lugar, li o livro deste professor"... e o clima foi de consternação. O professor enrubesceu. No entanto, todos sentiram que não havia nada que pudessem fazer; entenderam que não poderiam me expulsar, e não o fizeram. Eles não disseram: "Você não pode continuar", mas sim: "Vamos lhe dar uma igreja" e foi tudo, só que acrescentaram: "E vamos designar um assistente para realizar todos os batismos em seu lugar, assim sua consciência ficará tranquila". Eu lhes disse: "Não, isso não seria honesto. Seria difícil para o assistente e, de qualquer maneira, eu estaria pregando sobre o batismo de outra forma e haveria um conflito na igreja. Acredito que seja melhor eu me demitir".

Eles ficaram felizes que eu tomasse a iniciativa. Em casa, eu disse à minha esposa: "Vamos perder meu emprego, meu salário e nossa casa, e não tenho nada mais a lhe oferecer". Jamais vou me esquecer das suas palavras: "David, quero que meu marido seja um homem obediente a Deus".

E foi assim. Mas sabe, em uma semana, já estávamos numa nova casa, e eu estava pastoreando uma Igreja Batista. É uma história incrível, de fato. Descobri então que meu empregador não era a igreja, mas o Senhor; era dele que vinha meu sustento e ele me arranjaria outro emprego. Desde então, tenho trabalhado para ele.

Entrevistador: *Você mencionou que, uma semana depois, já estava pastoreando uma Igreja Batista. Como isso aconteceu? Como você uniu-se a eles?*

David: Quando percebi que, conscientemente, não poderia continuar sendo um ministro metodista, fui obrigado a indagar: "A que outra igreja eu poderia me associar?". Minha pergunta era: "Entre todas as igrejas na Inglaterra, qual delas prega e pratica o batismo do Novo Testamento da forma como o compreendo agora?". Não encontrei nenhuma.

Entrevistador: *Nenhuma?*

David: Nenhuma! É inacreditável. Já vou lhe explicar. Todas se dividiam em dois grupos. Cada uma delas praticava mais ou menos metade do ensino do Novo Testamento sobre o batismo, porém não o restante – a outra metade. A única denominação que consegui encontrar ficava nos Estados Unidos, com o nome de Igrejas de Cristo ou Discípulos de Cristo. Há algumas pequenas ramificações pouco expressivas na Inglaterra, porém nada que eu pudesse considerar. Olhei, então, à minha volta e disse: "Os batistas pelo menos *praticam* o batismo do Novo Testamento da forma como o compreendo. Talvez não o *preguem*, mas, nesse caso, as Igrejas Batistas tinham como vantagem sua independência e autonomia. Elas não estão sob uma autoridade, uma sede central ou matriz. São livres para buscar a direção do Senhor para suas congregações". Então pensei: "Terei liberdade tanto para pregar como para praticar o batismo do Novo Testamento naquela igreja, pois não há padrões doutrinários impostos por uma liderança superior".

Desse modo, visto que as Igrejas Batistas eram uma denominação importante na Inglaterra e eles estavam felizes em me receber, foi o que aconteceu. Fui aprovado e iniciei meu ministério como pastor batista. Quando me perguntam minha denominação, digo que sou "metobatiscano", porque a Igreja Metodista me ordenou, a Igreja Batista me reconheceu e dois bispos anglicanos impuseram sobre mim as mãos quando fui consagrado ao ministério! Mas eu ministro em várias denominações, desde pentecostais até católicas romanas, incluindo as intermediárias.

Entrevistador: *Certo. Você menciona muitas vezes o termo "batismo do Novo Testamento". O que ele significa para você?*

David: Em poucas palavras: primeiramente, significa *batismo por imersão*. A própria palavra grega "baptizein" significa inserir um objeto sólido em um líquido. É usada para referir-se a uma taça imersa em um recipiente com ponche de frutas, a um navio que naufraga (um navio não é "batizado" quando lançado ao mar, mas quando ele afunda no mar) ou para descrever o tingimento da lã, quando ela é imersa no corante – isso é batizar. A primeira conclusão simples a que chego, portanto, é que o batismo deve ser por imersão. É interessante que todas as igrejas ortodoxas batizem bebês por imersão. Eles conhecem o sentido da palavra grega. Ela jamais significa *aspergir* ou *umedecer*. Na verdade, o Novo Testamento afirma claramente que João Batista batizava em um lugar chamado Enom, perto de Salim, "porque havia muitas águas ali". E todo batismo no Novo Testamento fala de alguém que desce às águas e que sai das águas. Essa, portanto, foi a primeira e muito simples conclusão.

Deparei-me, então, com uma questão muito mais importante – não era apenas *a forma* de batizar segundo o Novo Testamento, mas *a razão* para fazê-lo, e foi quando descobri que o batismo, em sua essência, é uma ação conjunta entre Deus e o homem – que Deus realiza algo no batismo, mas o homem também precisa fazer sua parte. Percebi que a maioria das igrejas se divide em dois grupos: de um lado, as que veem somente o que Deus realiza no batismo e não consideram importante nada que seja feito do lado humano, portanto um bebê pode ser batizado. O bebê nada faz: Deus faz tudo. No outro grupo, estão os pentecostais e os batistas, e muitos deles colocam toda ênfase no que o homem faz no batismo – sua obediência ao Senhor, seu testemunho a outros, um tipo de "testemunho encharcado". Nunca ouvi um batista falar sobre o que Deus realiza no batismo.

Entrevistador: *Afirma-se que o batismo é um "ato de obediência". Tenho ouvido essa frase com frequência.*

David: Obviamente, trata-se de um ato de obediência. Porém, é muito mais do que isso. Havia, portanto, esses dois grupos – os que batizavam bebês e afirmavam "Deus realiza tudo isso", e os que batizavam crentes adultos (a partir da adolescência) que estavam agindo em obediência à ordenança ou como testemunho [da identificação com Cristo]. Descobri que nenhum desses grupos associava os dois conceitos.

Vamos resumir o que Deus faz no Novo Testamento. O Novo Testamento associa o batismo à purificação dos pecados, ao perdão, à salvação, ao novo nascimento ("nascido da água e do Espírito"), tudo isso é o que *Deus* faz. No entanto, observei que, no Novo Testamento, o homem também precisa agir, ou não será o batismo do Novo Testamento, e descobri a presença de quatro atitudes que validam o batismo, que confirmam se alguém estava apto ou qualificado para o batismo. Em primeiro lugar, essa pessoa precisava ouvir o Evangelho. Precisa ouvir a boa nova sobre Jesus. Em seguida, ela precisava crer nessa boa nova; e deve ter, no mínimo, três convicções: que Jesus é o Filho de Deus, que morreu por nossos pecados e que ressuscitou dos mortos ao terceiro dia. Portanto, primeiro ouvir; depois crer. Em terceiro lugar, arrepender-se de seus pecados, perceber como eles nos separam de Deus, renunciando, confessando e abandonando os pecados – afastando-se deles. O arrependimento acontece em pensamento, palavra e ação. É algo realmente fantástico. A quarta atitude é invocar o nome de Jesus.

O velho Ananias procurou Saulo de Tarso, que ficara cego pela luz da glória divina ao encontrar-se com o Senhor na estrada para Damasco. Disse-lhe Ananias: "E agora, o que está esperando? Levante-se, seja batizado e lave os seus pecados, invocando o nome dele". No Novo Testamento, tudo isso aconteceu *antes* do batismo, não depois. A ordem sempre era esta: "Arrependam-se e cada um de vocês seja batizado...", "Quem crer e for batizado será salvo". A ação humana vinha primeiro e, então, Deus agia em resposta, nunca o contrário. E eu simplesmente tive de indagar: "Um bebê pode ter essas atitudes? Um bebê pode entender e crer? Um bebê pode se arrepender?". Jamais ouvi alguém que pratica o batismo de bebês afirmar que os bebês são capazes de se arrepender. E você sabe, mesmo se fossem capazes, de que se arrependeriam? Os bebês ainda não pecaram. E, quanto à quarta atitude, de invocar o nome dele, nunca ouvi sobre um bebê que agisse dessa forma.

Portanto, de forma muito simples – e, de fato, é algo simples – me pareceu absolutamente lógico que o batismo do Novo Testamento não se destinava a bebês, e, para que alguém pudesse ser batizado, a iniciativa humana deveria vir primeiro. E então, no batismo, Deus agiria com poder na vida daquela pessoa.

Entrevistador: *Quero entender um ponto. Enfatiza-se muitas vezes que se trata de uma obra da graça vinda de Deus – o batismo é uma dádiva gratuita de Deus, e Deus realiza tudo. Como você disse, essa é uma das visões. No entanto, você também afirmou que há certas atitudes que precedem o batismo. Mas isso não seria enfatizar a salvação pelas obras? Tenho certeza de que muitas pessoas pensariam dessa forma.*

David: Bem, o que significa "obras"? Se nos referimos a "boas obras", de forma alguma! Não foi o que eu disse. Se nos referimos a ações e atitudes de nossa parte, sim! Perceba que o problema é a palavra "obras". Ela é usada de forma equivocada. Na realidade, o Novo Testamento afirma: "A fé, por si só, se não for acompanhada de obras, está morta. Não pode salvar". Você encontra essa afirmação em Tiago 2, que Martinho Lutero odiava. Segundo ele, era uma "carta de palha". Mas ela faz parte da palavra de Deus. Eu traduziria a afirmação desta forma: "A fé sem ação é morta. Não pode salvar". A fé é algo ativo, algo que *realizamos*. O arrependimento é algo *ativo*, algo que envolve ação. Chame de obras se preferir, mas afirmar que se trata de salvação pelas obras é uma completa distorção.

O texto clássico para salvação é: "Vocês são salvos pela graça, por meio da fé". A graça representa o que Deus faz, e a fé, o que nós fazemos, e ambas são essenciais. No entanto, não somos salvos por nossa fé. Não somos salvos pelo que fazemos. Somos salvos *por meio* do que fazemos. Em outras palavras, não podemos ser salvos sem isso. Você não pode ser salvo pela graça sem fé: a fé é nossa parte, e a graça é a parte dele. Quando cremos, a graça salva. Deus sempre responde a nós, e seu desejo é que demos esses passos.

Há outra questão, que já mencionei: Deus não pode

perdoar uma pessoa sem que ela se arrependa antes. Esse é o ensino bíblico. Não podemos perdoar uns aos outros se não houver arrependimento do outro lado. Jesus afirmou: "Se [teu irmão] pecar contra você sete vezes no dia, e sete vezes voltar a você e disser: 'Estou arrependido', perdoe-lhe". A maioria das pessoas, contudo, jamais notou essa breve frase. Deus não pode me perdoar se eu não me arrepender. Ele espera que eu diga: "Pequei, não vou mais cometer esse pecado, renuncio e abandono esse pecado. Se é algo que pode ser corrigido, eu o farei". Tudo isso é arrependimento – e Deus perdoa quando nos arrependemos. Arrepender-se e crer é o que fazemos para possibilitar que a graça nos salve. É um completo equívoco classificar esse processo como salvação pelas obras. O arrependimento ou a fé nunca são chamados de "obras" no Novo Testamento. São *ações*, atos que realizamos, que não merecem a salvação e não concedem salvação, porém tornam possível que Deus nos conceda sua graça.

Muitos, no entanto, dirão: "Ah não, a graça opera primeiro", a ordem é inversa. Essa afirmação não se encontra no Novo Testamento. O Novo Testamento afirma que a graça está disponível para todos, mas sem arrependimento e fé, essa graça é inútil.

Entrevistador: *Então vamos falar do batismo de bebês. Por que você acha que muitas igrejas defendem essa prática?*
David: Uma resposta simples é: porque quase sempre foi assim. É feito dessa forma há muito tempo. Trata-se de uma tradição antiga e histórica. Não é encontrada no Novo Testamento, mas teve início há muito tempo e foi transmitida de uma geração a outra, no contexto das igrejas e das famílias. Muitas vezes é desejo dos avós, e não dos pais, que o bebê seja batizado, ainda assim a tradição é transmitida adiante. E quando indagamos por que ela persiste, razões diferentes são oferecidas. Acreditava-se que o bebê iria para

o inferno se não fosse batizado. É uma ideia perversa. Na Idade Média, contudo, foi amenizada com o ensinamento de que bebês não batizados não estariam destinados ao inferno, mas a outro lugar não tão ruim, chamado de *limbus infantum*, em latim, ou simplesmente "limbo". Os bebês não batizados, portanto, iam para o limbo [de acordo com a tradição].

Para que isso não acontecesse, os pais batizavam seus bebês, é claro. Esse ensinamento produzia neles um verdadeiro temor do inferno. A Igreja Metodista o amenizou um pouco mais, afirmando que o ato demonstrava o amor de Deus pelo bebê antes que o bebê viesse a amar a Deus. Trata-se de uma verdade, mas não é dessa forma que o Novo Testamento a expressa. Cresci ouvindo essa justificativa para o batismo: demonstrar que Deus deseja para si todos os bebês. Para mim, contudo, não é razão suficiente para o batismo de bebês, muito menos uma justificativa encontrada no Novo Testamento.

Trata-se, portanto, de uma longa tradição. Ao longo de toda a história da igreja, muitos leram a Bíblia e praticaram o batismo de adultos, mas muitas vezes eram grupos restritos, perseguidos pela igreja central.

Entrevistador: *Você está afirmando, portanto, que não se trata apenas de uma invenção de 1500, na época da Reforma, ou que juntamente com Lutero e outros reformadores surgiram esses anabatistas em algum lugar, mas sim que isso sempre fez parte da história da igreja?*

David: Tanto Lutero quanto Calvino mantiveram a tradição do batismo de bebês praticado na Igreja Romana. Entretanto, quando Lutero traduziu a Bíblia para o alemão, um número maior de pessoas passou a ler a Bíblia. A partir da leitura bíblica, a convicção de um grande grupo de pessoas a respeito do batismo do Novo Testamento foi restaurada. Muitas igrejas passaram a chamá-los maldosamente de "anabatistas", pois o prefixo *"ana"* significa "repetição" ou "novamente". Desse modo, eles eram chamados de "duas vezes batizadores" ou "re-batizadores", algo bastante inapropriado, pois estavam convencidos de que batizavam pela primeira vez. Mas foi assim. E eles foram perseguidos. Receio afirmar que foram as igrejas reformadas protestantes que os perseguiram, sujeitando-os a uma terrível punição. Eles eram afogados. Em Zurique, Suíça, estive às margens de um rio onde os batistas foram afogados por questionarem a prática do batismo de crianças. Uma das facetas lamentáveis da Reforma Protestante. Protestantes afogando protestantes; algo fora do comum. Antes católicos perseguiam protestantes, agora protestantes perseguiam protestantes.

Mas tudo isso é história. Para mim, a Bíblia é uma autoridade superior à história. Martinho Lutero concordava com essa autoridade. Quando descobriu a Bíblia – e foi de fato uma descoberta – o próprio Martinho Lutero começou a questionar muitas tradições que se perpetuavam na igreja. Ao ser julgado pela reforma radical que estava promovendo, Lutero afirmou: "Minha consciência é cativa da palavra de Deus. Eis-me aqui. Não posso agir de outra forma". Então ele foi raptado – e, para sua própria segurança, escondido em um castelo. Concordo com Lutero nesse ponto. Minha consciência é cativa da palavra de Deus, e mesmo que bebês continuam sendo batizados há 1800 anos, ainda afirmo que devo seguir o que a Bíblia diz. Foi meu estudo da Bíblia que mudou minha mente.

Entrevistador: *Em sua opinião, então, por que Lutero manteve a prática do batismo de bebês?*

David: É uma pergunta complicada de responder, mas creio que a afirmação mais simples seja: porque ele preservou o conceito da Igreja institucionalizada. Durante séculos, Igreja e Estado entrelaçaram-se no que foi chamado de "O Sagrado Império Romano", e a Reforma de Martinho Lutero obteve êxito graças, essencialmente, ao poder do Estado que Lutero persuadiu a tornar-se protestante. A Alemanha era formada por muitos estados – a Saxônia e todos os seus pequenos estados – e quando o governante tornavase protestante, todo o estado deveria segui-lo; portanto o cidadão e o membro da igreja constituíam, praticamente, um único elemento. Pertencia-se a ambos, e, sinceramente, uma Igreja institucionalizada não poderia batizar adultos. É uma contradição. Se uma Igreja institucionalizada afirmasse: "Batizaremos somente aqueles que creem em Jesus", deixará de ser Igreja institucionalizada, pois os bebês não mais serão trazidos para o batismo. A Igreja institucionalizada e o batismo de bebês, portanto, caminham juntos. A Reforma de Lutero jamais transformou a Igreja institucionalizada em uma igreja livre [reformada]. O que acontecerá no século 21? As Igrejas institucionalizadas certamente morrerão. Elas estão desaparecendo em todos os lugares.

Entrevistador: *É uma afirmação ousada.*

David: Sim, mas elas serão substituídas. Algumas denominações que pertencem à Igreja institucionalizada sobreviverão e crescerão, mas terão liberdade como todas as outras igrejas livres. Isso não significa que todas as Igrejas institucionalizadas desaparecerão, mas as que sobreviverem serão mais livres – não dependerão do sustento financeiro ou de qualquer outra ajuda do Estado.

Entrevistador: *Por que diz isso? Onde o senhor fundamenta essa ideia de que elas rumam para o fim?*

David: Em estatísticas apenas. A Igreja Anglicana da Inglaterra perde mil membros semanalmente. É uma Igreja institucionalizada. Algumas igrejas anglicanas, de fato, estão prosperando, mas o quadro geral é de extinção. Hoje crescem as igrejas livres, aquelas que são independentes do Estado e precisam buscar seus próprios recursos.

Entrevistador: *Não temos muito tempo, mas gostaria de perguntar: Em sua opinião, ainda é possível encontrar*

respaldo bíblico para o batismo de bebês?
David: Teremos outro encontro, certo? Talvez seja melhor deixar essa resposta para o próximo papo, porque ela exige muito tempo.
Entrevistador: *Está certo. Bem, diga sua opinião. O senhor acha errado batizar bebês?*
David: Sim. Essa é minha resposta básica. Creio que seja algo prejudicial. Posso começar com estatísticas, pois um fato vale muito mais do que uma opinião. Mais de 90% dos finlandeses foram batizados quando ainda crianças. Menos de 3% estão na igreja. O que deu errado? De forma geral, tem-se a impressão de que não funcionou, parece que não deu certo. O batismo de bebês está privando as pessoas da experiência e da lembrança do batismo, algo que tem grande significado para muitos que foram batizados e estão cientes disso, aqueles que, de forma voluntária e consciente, foram imersos nas águas em nome de Jesus. É algo inesquecível. O batismo de bebês está roubando essa experiência de milhares de pessoas. É como se afirmasse: "Você não pode experimentar isso agora porque alguém decidiu em seu lugar quando você era apenas um bebê", e isso produz imensa tensão em muitas pessoas.

O maior dano, no entanto, é dizer às pessoas algo que não é verdadeiro. É a afirmação de que você é cristão porque foi batizado quando bebê. "Você foi salvo; está perdoado; pertence a Cristo" – quando, na realidade, não é assim. Trata-se de uma falsa segurança que cedo ou tarde se revelará.

Entrevistador: *Tudo o que está nos dizendo é muito interessante, mas, infelizmente, nosso tempo está acabando, por isso precisamos encerrar aqui. Felizmente, teremos outro programa sobre o mesmo tema, e poderemos continuar do ponto em que paramos. Muito obrigado por seu ensino, sr. Pawson. Estamos muito felizes que esteja aqui. Obrigado.*

A SEGUNDA ENTREVISTA

Entrevistador: *Olá, sr. Pawson, seja muito bem-vindo ao nosso segundo programa sobre batismo. Estamos muito felizes por tê-lo conosco uma segunda vez para discutir esse tema extremamente vital. Na última vez, falamos sobre sua história pessoal, sobre o fato de ter sido batizado quando bebê e como, posteriormente, o senhor mudou de opinião. Também falamos sobre as exigências para o batismo segundo o Novo Testamento e abordamos brevemente a história do batismo de bebês. Gostaria de ir diretamente ao mesmo tema e lhe perguntar: há respaldo bíblico para o batismo de bebês?*

David: Antes de entrarmos nessa importante questão, eu gostaria de acrescentar um pouco mais de história. Aqueles que batizam bebês admitem abertamente que seu principal argumento é histórico e não bíblico. Trata-se de algo que teve início há muito tempo. Mas eu gostaria apenas de destacar que, nessa mesma época, o batismo era realizado em outra ocasião insólita. Não era apenas antecipado e praticado logo após o nascimento de um bebê, mas também poderia ser adiado até o momento da morte de uma pessoa. No segundo século, portanto, o batismo adquiriu duas facetas inusitadas: era antecipado para o nascimento ou adiado até a hora da morte. Em minha opinião, há um conceito equivocado por trás desses dois desdobramentos – a conversão no leito de morte, por exemplo, baseava-se na ideia de que se uma pessoa pecasse depois de ser batizada, o batismo seria invalidado, portanto esperava-se até o último momento de vida para que a pessoa fosse batizada, uma vez que ela não teria mais oportunidade de pecar. Foi o caso de Constantino, em outro século.

Portanto, a maioria dos "batizadores de bebês" (e prefiro

o termo "bebê", pois "criança" também abrange um período posterior) busca na história seu argumento mais forte. Seria muito bom se também conseguissem encontrar um argumento bíblico. Reforçaria sua defesa.

Entrevistador: *Ainda quero voltar ao segundo século. O senhor está afirmando que, já no século 2, alguns elementos externos foram incorporados à igreja, e não podemos simplesmente usá-los como exemplo para justificar determinada posição.*

David: Sim. Diversas mudanças importantes ocorreram durante o período conhecido como o dos "pais da igreja" – que abrange os primeiros séculos. A maior delas, por exemplo, foi passarmos de muitos bispos para cuidar de uma igreja para muitas igrejas sob a supervisão de um bispo – uma tremenda mudança estrutural. A estrutura da igreja tornou-se mais hierárquica e mais semelhante à estrutura de uma pirâmide, e o batismo está entre os muitos desdobramentos da época que, no meu entendimento, não estão em conformidade com a Bíblia. Desde então, é claro, tem havido um forte desejo de se encontrar respaldo bíblico para esse costume, pois, para todos os cristãos, a Bíblia é autoridade única e, certamente, seria a solução para muitos se a prática do batismo de bebês pudesse ser encontrada em alguma passagem das Escrituras.

Devemos, portanto, examinar algumas das passagens bíblicas que supostamente poderiam ser usadas para sustentar tal prática. Tenha em mente que, nos primeiros dias da igreja, eles não tinham todo o Novo Testamento. Tinham o ensino oral da doutrina dos apóstolos, mas essa doutrina ainda não havia sido registrada por escrito. A Bíblia da igreja primitiva era o Antigo Testamento. Era a Bíblia que conheciam e, obviamente, é ao Antigo Testamento que os apóstolos se referem sempre que afirmam "segundo as Escrituras". No Antigo Testamento Deus firmou alianças com toda a nação, com todo o povo, incluindo crianças e bebês, pois suas alianças eram firmadas com Israel – não com israelitas, mas com Israel. Não eram estabelecidas com indivíduos judeus, mas com toda a nação, o que incluía bebês; portanto as promessas da aliança feitas por Deus no Antigo Testamento incluíam bebês, isso é verdade.

Desse modo, o primeiro argumento bíblico usado para justificar o batismo de bebês era o seguinte: na antiga aliança eles circuncidavam bebês; na nova aliança, nós batizamos bebês. Assim, estabeleciam um paralelo exato entre a circuncisão no Antigo e o batismo no Novo. Esse argumento ainda é usado, especialmente pelo fato de haver no Novo Testamento [grego] um versículo que usa as palavras "circuncidar" e "batizar": Colossenses 2.11. Com base nesse versículo somente, afirma-se: "Aí está, batismo e circuncisão são a mesma coisa ou são muito semelhantes – um é equivalente do outro". A palavra normalmente usada é "paralelo". Na verdade, a leitura atenta desse versículo mostra que se trata do oposto. Paulo está afirmando que não é uma circuncisão da carne; mas, sim, uma circuncisão interior. Uma circuncisão do coração que remove a velha carne ou a velha natureza; essa é a circuncisão em Cristo. É a isso que ele se refere, e curiosamente até mesmo os profetas do Antigo Testamento diziam: "Vocês têm a circuncisão do corpo, mas precisam da circuncisão do coração. Precisam que algo seja extirpado do seu coração". O Antigo Testamento, portanto, fala de um tipo diferente de circuncisão, e Colossenses 2.11 fala sobre o batismo no contexto desse outro tipo de circuncisão que é interior, não exterior.

Esse versículo, portanto, não sustenta um paralelo. Outro ponto que devo destacar sobre esse tema é que a maior controvérsia encontrada no Novo Testamento diz respeito à circuncisão: os gentios, os crentes não judeus, ao crerem em um Messias judeu, precisariam ser circuncidados? Paulo lutou com unhas e dentes contra a ideia de que os cristãos gentios deveriam ser circuncidados. E esta era a razão da sua defesa. Ele afirmava que a aceitação dessa ideia implicaria submissão a todas as leis de Moisés. Torna-se necessário aceitar o pacote completo. Se você se tornar judeu, precisará guardar as leis judaicas. Portanto, ele lutou para que ficássemos livres da circuncisão, e no decorrer de toda a controvérsia – tema do primeiro Concílio de Jerusalém em Atos 15 e de toda a carta de Paulo aos Gálatas – ninguém pensou em afirmar: "Não precisamos da circuncisão porque temos o batismo". Ninguém pensou em criar um paralelo entre os dois, que teria servido de ponto final para a discussão; e, em meu ponto de vista, isso revela que eles jamais viram a circuncisão e o batismo sob o mesmo prisma.

Esse era o argumento baseado no Antigo Testamento para o batismo de bebês. Mas houve também muitas tentativas de encontrar uma justificativa no Novo Testamento. Todos os batizadores de bebês admitem abertamente que não há no Novo Testamento qualquer menção específica ao batismo de bebês. Não se encontra um único versículo que afirme: "Essa pessoa e seu bebê foram batizados". Tampouco há no Novo Testamento um mandamento que ordene claramente: "Batizem seus bebês". É algo que se admite livremente. Isso é o que chamamos de argumento do silêncio, ou seja, fundamenta-se no que a Bíblia não afirma, e não no que ela realmente diz. Um argumento do silêncio serve a dois lados. Não ordena o batismo de bebês, mas não se pode inferir que ele não aconteça. Não afirma que um bebê foi batizado, mas como saber se ele não foi batizado? Veja bem, um argumento do silêncio é algo bastante traiçoeiro. O melhor é não usá-lo, portanto eu não o uso. Baseio-me no que a Bíblia de fato diz.

Vou apresentar aqui as diversas formas pelas quais os batizadores de bebês citam certas passagens do Novo Testamento. Uma delas é o que Jesus afirmou sobre crianças e como ele agia com elas: "Deixem vir a mim as crianças", disse Jesus, tomando-as nos braços e abençoando-as, e: "A não ser que vocês se tornem como crianças, jamais entrarão no Reino dos céus". Quero destacar que uma "criança" não é um "bebê". Ele não disse: "A não ser que vocês se tornem como bebês, jamais entrarão no Reino dos céus", mas sim: "A menos que vocês se tornem como crianças" – algo muito diferente. Uma criança tem consciência, pode tomar decisões, tem atitudes; e quando o texto afirma que trouxeram crianças a Jesus e os discípulos disseram: "Não, não; ele não tem tempo para crianças", ao que Jesus respondeu: "Deixem vir as crianças", não lemos que se tratava de mães carregando seus bebês no colo, mas que os pais traziam as crianças. Todos pensam que foram as mães que as trouxeram, mas não foi assim, o texto diz "pais". É masculino. Esses pais trouxeram crianças a Jesus para que ele as abençoasse, e ele as abençoou. Jesus pode abençoar crianças, e eu lhe pedi que abençoasse meus filhos. Ele não batizou crianças, tampouco disse aos discípulos: "Batizem-nas, pois das tais é o Reino de Deus". Ele as abençoou – não as batizou; e eram crianças, não bebês.

Portanto, usar esses textos bíblicos como base para o batismo de crianças é realmente extrapolar o que eles afirmam.

Entrevistador: *Eu ia lhe dizer agora: quando a Bíblia, em Atos, fala particularmente sobre toda a casa ser batizada, eu imagino que as famílias eram extensas naqueles dias. Não havia também bebês que eram batizados? O texto diz que "todos os da casa" foram batizados.*

David: É verdade. É possível fazer duas afirmações a esse respeito. Na Bíblia, encontramos o relato de pessoas de cinco "casas" terem sido batizadas. Eu já batizei "todas as pessoas de uma casa".

Entrevistador: *Verdade?*

David: A palavra "casa" não significa "família". Tem um sentido diferente: abrange muito mais do que nossos familiares. Imaginamos uma família com pai, mãe, dois filhos, um cachorro e o papagaio – isso é o que entendemos por família. Nossa noção de família é, de fato, muito restrita, mas "todos os da casa" inclui servos e escravos. Significa literalmente todos os que viviam sob o mesmo teto, e trata-se de uma expressão ainda usada nos formulários do censo populacional. Eles querem identificar todos os que residem na casa, não necessariamente os que têm parentesco. Talvez sejam amigos que dividem um espaço ou, quem sabe, um inquilino, sendo que naqueles dias, é claro, isso incluía os escravos ou servos de uma casa. Portanto, esse é o primeiro aspecto: o texto não afirma que famílias eram batizadas, mas "todos os da casa" ou "todos os seus".

Em segundo lugar, quando você estuda o texto atentamente, descobre que, além do fato de todos terem sido batizados, são feitas afirmações a respeito de todos os da casa. Atos 16, por exemplo, relata a experiência do carcereiro – leia com atenção a afirmação: "E pregaram a palavra de Deus, a ele e a todos os de sua casa", o que significa que Paulo podia pregar o Evangelho a todos os que viviam naquela casa. Também relata a experiência de Lídia, uma empresária – talvez não fosse casada, mas tinha funcionários. Ela tinha servos e, na realidade, o batismo aconteceu em uma reunião de oração às margens do rio – uma reunião de mulheres. Também não se faz menção a crianças. Um grupo de mulheres se reunira para orar e Paulo as batizou à beira do rio.

Entrevistador: *Ali mesmo!*

David: Sim – como você leu – e todos estavam orando, percebe? O mesmo sucede com Cornélio. Pedro estava pregando na casa de Cornélio e o Espírito Santo veio sobre todos. Segundo o texto, todos os que ouviam foram cheios com o Espírito e, então, Pedro indagou: "Pode alguém negar a água, impedindo que estes sejam batizados? Eles receberam o Espírito Santo como nós!".

Entrevistador: *Então somente os que receberam o Espírito foram batizados?*

David: Exato. Quando estudamos detalhadamente, portanto, percebemos a superficialidade do apelo que se baseia na ideia de que "todos os membros das famílias eram batizados, por isso também devemos fazer o mesmo". Todos os que estavam sob o mesmo teto ouviam a palavra, e isso remete ao que afirmei anteriormente: é necessário que as pessoas ouçam e recebam o Evangelho antes de serem batizadas. E, no caso desses dois eventos, essa exigência ou condição foi atendida. Tratava-se, portanto, de pessoas conscientes, capazes de ouvir e aceitar o que Paulo estava lhes dizendo. Como resultado, ele as batizava; e Pedro fazia o mesmo – depois que tivessem ouvido e aceitado a mensagem. E, no caso de Cornélio, eles foram batizados inclusive depois de terem recebido o Espírito Santo. Essas eram, portanto, as condições preliminares para que todos os da casa fossem batizados. Já realizei diversos batismos de casas em que todos os membros se tornaram cristãos e também foram batizados. Creio, portanto, em batismos de famílias inteiras. Mas há outro texto de Atos que precisamos examinar. No dia de Pentecoste, depois da pregação de Pedro, os habitantes e visitantes de Jerusalém, cientes de sua culpa, indagaram: "O que faremos?" ou "O que devemos fazer?". Pedro respondeu: "Arrependam-se, e cada um de vocês seja batizado em nome de Jesus Cristo, para perdão dos seus pecados, e receberão o dom do Espírito Santo. Pois a promessa é para vocês, para os seus filhos". Esse texto tem sido usado por muitos defensores do batismo de bebês. Dizem eles: "A confirmação é esta: *para os seus filhos*". Infelizmente, eles não citam o versículo inteiro. O texto continua: "...para todos os que estão longe, para todos quantos o Senhor, o nosso Deus, chamar".

Portanto, a relação entre seus filhos – e aliás, a promessa não é o batismo, mas sim o *batismo com o Espírito Santo* – e a promessa de receber o Espírito Santo é: "Para vocês, para seus filhos, e para todos os que estão longe, para todos quantos o Senhor, o nosso Deus, chamar". Desse modo, é preciso que os filhos ouçam o chamado, e não apenas isso, mas como Pedro afirmou: "Todo aquele que invocar o nome do Senhor será salvo". A palavra "filhos", portanto, deve ser qualificada por dois chamados: todos quantos o Senhor chamar; e todos os que invocarem seu nome. Sim, todos os seus filhos que o Senhor chamar e que invocarem o nome do Senhor – esses serão salvos e receberão a promessa do Espírito Santo.

Mais uma vez, quando examinamos o versículo com atenção e não o usamos fora do contexto, percebemos que, na realidade, ele não transmite a mensagem que muitos esperam encontrar.

Temos, portanto, o conceito da promessa da antiga aliança, no qual os bebês estão incluídos – de fato, eles *estavam* incluídos. Abraão e seus filhos, seus bebês, estavam todos incluídos. Os bebês eram circuncidados. A nova aliança sob a qual estamos, contudo, a aliança do Novo Testamento, é extremamente individualista. Isso surpreende algumas pessoas. As antigas alianças eram coletivas. Eram firmadas com uma nação, todos estavam incluídos. A nova aliança é definitivamente dirigida a indivíduos.

Em Jeremias 31, onde ela é anunciada pela primeira vez, lemos: "Todos eles me conhecerão". Cada um deles, individualmente! E, ao longo do Novo Testamento, o ensino e a pregação do Evangelho são dirigidos a indivíduos, não a famílias. Já citei uma das passagens aqui. Veja só. Quando indagaram de Pedro: "O que faremos?", ele respondeu: "Arrependam-se, e cada um de vocês seja batizado...". Esse é o apelo do Evangelho. No Dia do Juízo não poderemos responder por mais ninguém além de nós mesmos – nem por nossa família, nem por nossos filhos, nem por nossos pais. No Dia do Juízo, cada um de nós apresenta-se diante de Deus, e no Dia da Salvação também. Cada pessoa é responsável por seu relacionamento com Deus. É algo muito individual, e todos os evangelistas apelam ao indivíduo – que cada um se arrependa e creia. Essa é a ênfase em toda a nova aliança. A nova aliança não é firmada com famílias, não é firmada com nações. É firmada com cada ser criado por Deus, e cada pessoa deve responder por si mesma e por mais ninguém. Você não consegue converter seus filhos. Gostaria que isso fosse possível. Mas não é. Eles devem vir a Cristo por si mesmos. Na realidade, você não pode ser responsável por mais ninguém diante de Deus. Podemos fazer tudo o que estiver ao nosso alcance para que alguém venha a ser salvo, mas não podemos decidir pela salvação de alguém, nem mesmo nossos próprios filhos.

Entrevistador: *Mas, muitas vezes, ouvi dos que ensinam o batismo de bebês a afirmação de que um bebê pode crer – e, de certa forma, quem pode afirmar o contrário? Há algum texto bíblico que afirme que um bebê não pode crer?*

David: É curioso que Martinho Lutero usasse a seguinte argumentação para defender o batismo de bebês: "Quem é capaz de provar que um bebê não pode crer?". Bem, quero responder com a pergunta: "Quem é capaz de provar que um bebê pode crer?". No Novo Testamento, crer não significa confiar instintivamente. A fé é uma resposta mental e também uma resposta do coração e da vontade. É uma reação à mensagem. É uma resposta ao Evangelho. E em Romanos 10, consequentemente, Paulo torna isso muito claro: "E como crerão naquele de quem não ouviram falar? E como ouvirão, se não houver quem pregue?".

Em outras palavras, a fé do Novo Testamento não é uma confiança instintiva e sem conteúdo. É a resposta a uma mensagem – portanto, como um bebê pode crer sem ouvir? É impossível. Obviamente, isso produzirá um efeito em nosso evangelismo.

Entrevistador: *Então, é necessário ouvir para crer. Eu gostaria de falar sobre esse aspecto do evangelismo. Antes disso, porém, há outra coisa. Falamos muito sobre o Espírito Santo, o recebimento do Espírito Santo, o batismo com o Espírito Santo. Ouvi muitas pessoas afirmarem que, quando somos batizados, também fomos batizados com o Espírito Santo, que recebemos o Espírito Santo. A Bíblia não relaciona o batismo e o recebimento do Espírito Santo?*

David: Sabe, em todas essas tentativas de encontrar respaldo bíblico para o batismo de bebês, alguns elementos totalmente distintos são confundidos: circuncisão e batismo; bebês e crianças; casa e família. Essa confusão é muito comum e leva a crer que o batismo nas águas e o batismo com o Espírito são a mesma coisa. No Novo Testamento, contudo, trata-se de eventos absolutamente diferentes. Nunca ocorrem no mesmo momento. Podem acontecer com certa proximidade ou com uma distância maior, e um deles pode preceder o outro, porém são sempre diferentes. Esse era o entendimento do próprio Jesus. Ele desceu ao Jordão e foi batizado nas águas, e a Bíblia diz que, ao sair da água, ele orou e o Espírito Santo veio sobre ele como uma pomba. Nos dois casos, o batismo na água e o batismo com o Espírito Santo são eventos bastante diferentes. Podem acontecer com certa proximidade um do outro, um após o outro, ou em ordem inversa, ou pode haver um intervalo de meses entre eles.

Em Atos 8, o povo de Samaria se arrependeu, creu, foi batizado nas águas e se regozijou, e toda a cidade se encheu de alegria. Um evangelista moderno declararia empolgado: "Minha obra está concluída". Mas esse não era o padrão do que faziam naqueles dias! Os apóstolos vieram rapidamente de Jerusalém – pois nenhum dos convertidos de Samaria havia recebido o Espírito Santo. Era uma lacuna e tanto. O mesmo aconteceu em Éfeso, em Atos 19. Eles haviam sido batizados nas águas. Paulo descobriu que haviam sido batizados somente nas águas – o batismo de João, por assim dizer – e não no nome de Jesus, então ele os batizou no nome de Jesus, impôs-lhes as mãos e o Espírito desceu sobre eles.

Aqui, portanto, estão os dois batismos necessários a todo cristão: um nas águas; um no Espírito. Creio que o texto de João 3.5 faça referência a esses dois batismos. Trata-se de uma tradução literal: "Ninguém pode entrar no Reino de Deus, se não nascer da água e do Espírito". Bem, para ser nascido da água e do Espírito, você precisa ser imerso na água e no Espírito.

Você sabia que, desde o início, todos os quatro Evangelhos faziam distinção entre o batismo nas águas e o batismo com o Espírito?

Todos os quatro Evangelhos citam as palavras de João: "Eu os batizo com água, mas virá alguém que os batizará com o Espírito Santo". De fato, um ser humano pode me batizar nas águas, mas somente o próprio Jesus pode me batizar com o Espírito Santo, portanto devo procurar pessoas diferentes para os dois batismos. Lá está, portanto, a afirmação de João logo no início de cada Evangelho: "Eu posso apenas batizá-los com água". Mas vocês precisarão de mais do que isso.

E esta é uma das razões pelas quais ele fez essa afirmação: o batismo nas águas, basicamente, lida com o seu *passado*. Ele não altera o seu *futuro*. Purifica e sepulta o seu passado e lhe oferece um novo começo. Há outro texto bíblico, 1Pedro 3, em que Pedro afirma: "O batismo agora salva vocês, não pela remoção da sujeira do corpo...".

Entrevistador: *Significa, então, uma purificação verdadeiramente física. O senhor crê que seja esse o significado?*

David: Sim, ele está falando sobre o batismo nas águas e afirmando que o batismo agora o salva, não pela remoção da sujeira do seu corpo, mas por um clamor a Deus por uma consciência pura. Em outras palavras, Deus deseja que comecemos a vida cristã com pureza – com uma consciência limpa; livre – e ele realiza isso no batismo, portanto, enquanto o corpo está imerso nas águas, Deus está lavando nosso interior, purificando-nos. É isso. Mas como cheguei nesse ponto?

Entrevistador: *É bom que tenha mencionado isso. Quero passar para um tema como o evangelismo. Mas quando penso em evangelismo, é claro, lembro-me da Grande Comissão e, quando penso na Grande Comissão, indago: os discípulos não foram instruídos a batizar primeiro e então ensinar? Não seria um exemplo de que Jesus basicamente oferece a possiblidade de batizar bebês antes e ensiná-los depois?*

David: Vamos avaliar atentamente. Ele não ordenou: "Batize-os e pregue".

Entrevistador: *Certo.*

David: No Novo Testamento, há uma grande diferença entre pregar e ensinar. Pregar é partilhar o Evangelho; ensinar é ajudar outros a viver a vida cristã, e o texto não diz: "Batize-os e depois lhes anuncie o Evangelho" – mas sim: "Batizando-os e ensinando-os a obedecer tudo o que eu lhes ordenei". Porque, depois do batismo, precisamos ser instruídos a viver a vida cristã. Essa instrução ou ensino não é a pregação do Evangelho. Veja o final do Evangelho de Marcos: "Pregue o evangelho a todas as pessoas. Quem crer e for batizado será salvo". Essa é a ordem. A pregação vem antes do batismo. O ensino vem depois, e ensino não é pregação. Sobre que tema estávamos falando?

Entrevistador: *Evangelismo.*

David: Certo – falemos sobre isso.

Entrevistador: *Quais são os efeitos desse ensino e também* *do batismo de bebês? Quais são os efeitos de tudo isso no evangelismo?*

David: Bem, primeiramente gostaria de dizer que o batismo foi removido do contexto do evangelismo, que é como o Novo Testamento o apresenta, e transferido para o processo de tornar-se membro da igreja, sendo visto hoje não como uma resposta ao Evangelho, mas como uma exigência para a admissão a uma igreja ou comunidade. Entende o que estou querendo dizer?

Entrevistador: *Sim.*

David: No Novo Testamento, o contexto do batismo é o evangelismo. Creio que devemos devolvê-lo ao evangelismo. Primeiramente, pelo simples fato de que essa é a forma bíblica de aceitar a mensagem do Evangelho, e quando limitamos o batismo a um requisito para o processo de admissão à igreja produzimos uma lacuna no evangelismo. O que estamos exigindo das pessoas? Percebe? Inventamos uma grande quantidade de passos, a maioria deles nascida no revivalismo americano do século 19, como: "Erga sua mão, venha até a frente, preencha um cartão de decisão". Nada disso encontra-se no Novo Testamento. São todos substitutos do batismo. No Novo Testamento, na pregação do Evangelho, como a de Pedro no dia de Pentecoste, as pessoas perguntavam: "O que devemos fazer?" – e a resposta era: "Arrependam-se e sejam batizados". Meu desejo é ouvir um evangelista moderno que cite Atos 2.38: "Arrependam-se, e cada um de vocês seja batizado em nome de Jesus Cristo, para perdão dos seus pecados, e receberão o dom do Espírito Santo". Era esse o apelo, e era bastante preciso. Eles sabiam exatamente o que precisavam fazer, e observe que tinham de provar arrependimento antes que pudessem ser batizados. Sabe, as pessoas pensam que arrepender-se é apenas dizer "sinto muito", como a confissão que encontramos na "oração do pecador": "Senhor, perdoe todos os meus pecados".

Isso não é arrependimento! Nem chega perto. Nunca ouvi uma pregação baseada no versículo que diz: "Não fui desobediente à visão celestial". Tenho certeza de que você já ouviu a primeira parte desse versículo; é usado por todos os pregadores. Nenhum deles cita todo o versículo. Paulo diz: "Assim, rei Agripa, não fui desobediente à visão celestial". "Assim" como? Eu não deveria testá-lo, mas o fato é que não conheço um cristão capaz de me dizer o versículo seguinte [que completa a ideia de coordenação com o versículo anterior]. Paulo diz: "Preguei aos gentios, dizendo que se arrependessem e se voltassem para Deus, praticando obras que mostrassem o seu arrependimento".

Entrevistador: *Isso mesmo.*

David: E alguém dirá que isso é salvação pelas obras. Nada disso! Prove seu arrependimento através de seus atos. Em outras palavras, eu digo a todos que não batizo pela profissão de fé, mas mediante uma prova de arrependimento, e muitos ficam chocados. Eles jamais tiveram de provar seu arrependimento por suas obras. Veja bem, um evangelismo que afirmasse isso seria totalmente diferente. No entanto, nunca ouvi um evangelista usar a passagem de Atos 2.38-39. Nunca! E foram essas as palavras do apóstolo. Chamamos de "o pacote de Pedro" – e alguns evangelistas que conheço realmente estão fazendo uso desse pacote, afirmando: "Arrependam-se, e cada um de vocês seja batizado em nome de Jesus Cristo, para perdão dos seus pecados". Essa é a forma bíblica de responder à pregação do Evangelho, mas nós inventamos muitas outras formas porque removemos o batismo do evangelismo, transferindo-o para o processo de tornar-se membro. Devemos, contudo, seguir as ordens de Jesus. Ele disse: "Vão e façam discípulos de todas as nações, batizando-os e ensinando-os a obedecer a tudo o que eu lhes ordenei". Percebe?

Essa prática está afetando o evangelismo também de

outra forma. É realmente difícil tentar evangelizar em uma nação que tem uma Igreja institucionalizada, na qual todos foram batizados quando bebês, porque nos deparamos com o sentimento: "Ah, mas eu fui batizado quando bebê. Estou bem. Sou cristão. Vou para o céu. Sou parte da igreja. Como você ousa me dizer que sou pecador e preciso de salvação?". Há uma imunização embutida contra o Evangelho e isso é realmente difícil. A pregação do Evangelho é mais fácil em um contexto completamente pagão, pois eles sabem que não são cristãos. Sabem que são pecadores. Sabem que são maus. Do contrário, o evangelismo torna-se extremamente difícil e, na verdade, um tanto quanto contraditório. Estamos dizendo às pessoas que elas não são o que imaginam ser. Declaramos: "Você ainda não é cristão, então, aceite a Cristo". E a resposta é: "Mas eu sou cristão; fui batizado!".
Bem, acho que precisamos continuar com a entrevista.
Entrevistador: *Sim. O senhor acha que um crente que não é batizado depois de adulto está perdendo alguma coisa?*
David: Sim. Conheço muitos cristãos – principalmente no Exército da Salvação – que não celebram a ceia do Senhor; não comem o pão e bebem o vinho como Jesus ordenou que fizéssemos. Conheço outros cristãos que nunca participam da ceia. E se alguém me pergunta: "Eles estão perdendo alguma coisa?", eu digo: "Claro que sim. Jesus não nos ordenaria algo desnecessário e foi ele quem nos ordenou que comêssemos o pão e bebêssemos o vinho". Foi ele quem ordenou que fôssemos imersos nas águas. Não consigo imaginar que Jesus tivesse em mente um tipo de prática acessória opcional. Quando Jesus ordena que eu faça algo, eu faço. E se eu não o fizer, vou perder alguma coisa.

Mas talvez o que esteja por trás da pergunta seja revelado quando as pessoas respondem: "Você está me dizendo que não vou para o céu, a menos que seja batizado? Está me dizendo que não posso ser salvo sem o batismo?".

O problema é que quando as pessoas pensam na palavra "salvo", elas imediatamente imaginam a próxima vida: céu ou inferno. Jesus não veio para nos salvar do inferno, esse é apenas um bônus. A Bíblia diz: "Você deverá dar-lhe o nome de Jesus, porque ele salvará o seu povo dos seus pecados". Infelizmente, a maioria das pessoas deseja ser salva do inferno, não de seus próprios pecados. O batismo, contudo, permite que sejamos salvos dos nossos pecados, começando a nova vida com uma consciência pura; e se as pessoas desejam ser salvas de seus pecados, *todos* eles, então elas precisam do batismo. Quando a pergunta "Quer dizer que não vou para o céu se não for batizado?" parece capciosa, significa que foi inserida no contexto errado. Mas a resposta é: "Isso mesmo".

Entrevistador: *Falamos sobre questões doutrinárias, falamos sobre igrejas, falamos sobre diferentes ritos e coisas do tipo, mas qual a relação de tudo isso com Jesus? O senhor poderia encerrar a entrevista respondendo essa pergunta?*

David: Bem, essa nossa conversa nem aconteceria se não fosse por Jesus. Foi Jesus quem a ordenou, e ele não somente ordenou que o fizéssemos – e se afirmo ser um seguidor de Jesus e não cumpro suas ordens, vivo uma contradição – mas ele também nos deu um exemplo, pois Jesus era o único que não precisava ser batizado. A única pessoa que não precisava ser purificada era Jesus. João Batista disse a Jesus, seu primo: "Eu preciso ser batizado por ti, e tu vens a mim?" – portanto, o homem que batizou o próprio Jesus não havia sido batizado. Não é incrível? Porque o que importa não é quem te batiza, mas sim o batismo. Para Jesus, no entanto, não se tratava de purificação. De que se tratava, então? Ele afirmou: "Convém que assim façamos" e, assim, nos deu um exemplo. Não sei como alguém que declara seguir Jesus pode dizer: "Não preciso disso". Se Jesus precisou fazer o que convinha ser feito, eu também preciso. Sou um seguidor de

Jesus e fui batizado da forma como creio que seja seu desejo, conforme o que o Novo Testamento ensina de forma clara.

Entrevistador: *Muito obrigado, sr. Pawson. Acho que essas palavras são uma boa forma de concluir a discussão. Creio que seu ensino meticuloso tem sido muito útil para muitos. Muito obrigado por estar conosco e por ser uma bênção na Finlândia.*

David: Obrigado.

SOBRE DAVID PAWSON

Conferencista e escritor com inabalável fidelidade às Sagradas Escrituras, David traz clareza e uma mensagem de urgência aos cristãos para que descubram tesouros escondidos da Palavra de Deus.

Nascido na Inglaterra em 1930, David iniciou sua carreira com formação em Agronomia pela Universidade de Durham. Quando Deus interveio e o chamou para que se tornasse Pastor, ele concluiu o Mestrado em Teologia pela Universidade de Cambridge, e, durante três anos, serviu como capelão na Força Aérea Real. Passou então a pastorear várias igrejas, entre elas o Centro Millmead, em Guildford, que se tornou um modelo para muitos líderes de igrejas do Reino Unido. Em 1979, o Senhor o conduziu a um ministério internacional. Atualmente, seu ministério itinerante é predominantemente para líderes de igrejas. David e sua esposa, Enid, moram hoje no condado de Hampshire, no Reino Unido.

Ao longo dos anos, ele escreveu um grande número de livros, publicações e notas diárias de leitura. Suas extensas e muito acessíveis análises dos livros da Bíblia foram gravadas e publicadas em "Unlocking the Bible" (A Chave para Entender a Bíblia). Milhões de cópias de seu material de ensino têm sido distribuídas em mais de 120 países, oferecendo sólido embasamento bíblico.

Ele é considerado o "pregador ocidental mais influente na China" graças à transmissão de sua bem-sucedida série "Unlocking the Bible" a todas as províncias da China, através da God TV. No Reino Unido, os ensinos de David são transmitidos com frequência pela Revelation TV.

Incontáveis fiéis em todo o mundo também se beneficiaram de sua generosa decisão, em 2011, de disponibilizar sua extensa biblioteca audiovisual, sem custo algum, em: **www.davidpawson.org**. Recentemente, todos os vídeos de David foram carregados em um canal específico em: **www.youtube.com**

SÉRIE A BÍBLIA EXPLICA
VERDADES BÍBLICAS APRESENTADAS DE FORMA SIMPLES

Se você foi abençoado com a leitura deste livro, saiba que outros títulos da série estão disponíveis. Acesse **www.aBibliaexplica.com** e inscreva-se para baixar mais livros gratuitos.

A série A Bíblia Explica inclui:
A Fascinante História de Jesus
A Ressurreição: O ponto central do cristianismo
Como Estudar a Bíblia
A Unção e o Enchimento do Espírito Santo
O Batismo no Novo Testamento
Como Estudar um Livro da Bíblia: Judas
Os principais passos para se tornar um cristão
O que a Bíblia diz sobre: Dinheiro
O que a Bíblia diz sobre: Trabalho
Graça: Favor imerecido, Força irresistível ou Perdão incondicional?
Seguro para sempre? O que a Bíblia diz sobre: Salvação
O Fim dos Tempos
Três textos geralmente usados fora do contexto: Explicando a verdade e expondo o erro
A Trindade
A Verdade sobre o Natal

Você também pode adquirir cópias impressas em:
Amazon ou **www.thebookdepository.com**

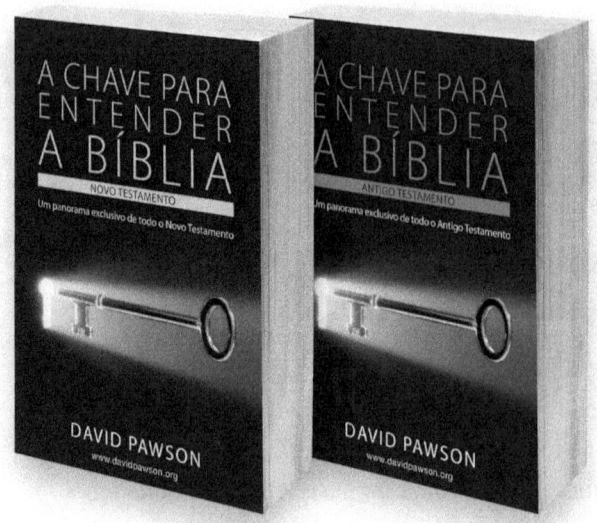

A CHAVE PARA ENTENDER A BÍBLIA

Um panorama exclusivo do Antigo e do Novo Testamento, nas palavras de David Pawson – conferencista e escritor evangélico, reconhecido internacionalmente. "*A Chave para Entender a Bíblia*" elucida a palavra de Deus de maneira inovadora e poderosa. Em uma clara distinção aos tradicionais estudos e comentários bíblicos que tratam versículo por versículo, este livro apresenta a história épica do relacionamento entre Deus e seu povo, em Israel. A cultura, o contexto histórico e os personagens são apresentados e os ensinamentos são aplicados ao mundo contemporâneo. Oito volumes foram compilados nesta edição abrangente, compacta e fácil de usar, com tópicos que cobrem o Antigo e o Novo Testamento.

Do Antigo Testamento: As Instruções do Criador – Os Cinco Livros da Lei; Uma Terra e um Reino – Josué, Juízes, Rute e 1 e 2 Samuel, 1 e 2 Reis; Poemas de Louvor e Sabedoria – Salmos, Cântico dos cânticos, Provérbios, Eclesiastes, Jó; Declínio e Queda de um Império – Isaías, Jeremias e outros profetas; A Luta pela Sobrevivência – Crônicas e os profetas do exílio.

Do Novo Testamento: O Eixo da História – Mateus, Marcos, Lucas, João e Atos; O Décimo Terceiro Apóstolo – Paulo e suas cartas; Do Sofrimento à Glória – Apocalipse, Hebreus, as cartas de Tiago, Pedro e Judas.

Este livro é um best-seller internacional.

OUTROS MATERIAIS DE ENSINO
DE DAVID PAWSON

Para acessar a lista atualizada com os títulos de David Pawson, visite:
www.davidpawsonbooks.com

Para comprar os materiais de ensino de David Pawson, acesse a página:
www.davidpawson.com

www.ingramcontent.com/pod-product-compliance
Lightning Source LLC
Chambersburg PA
CBHW071040080526
44587CB00015B/2704